René DEGEUSER

ET

Renée LOYZEAU DE GRANDMAISON

24 Mai 1888.

ALLOCUTION

pour le mariage de

Mr René DEGEUSER

ET

Melle Renée LOYZEAU DE GRANDMAISON,

prononcée dans la cathédrale du Mans,

le 24 mai 1888,

FÊTE DE N.-D. AUXILIATRICE.

✠

O Marie conçue sans péché,
priez pour nous qui avons recours à vous.

MADEMOISELLE,
MON CHER FRÈRE.

C'est un acte bien important que celui d'où dépendent la direction de deux vies, l'union de deux cœurs et le bonheur de deux existences.

Mais quand Dieu lui-même daigne entourer cet acte de sa sollicitude paternelle, le bénir, le rendre sacré à l'égal des rites les plus augustes de la religion; quand, pour couronner ces grandeurs, Jésus-Christ veut bien l'élever à la dignité de sacrement, alors cette œuvre, où sont venues se rencontrer la main des hommes et la main de Dieu, cesse, en quelque sorte, d'appartenir à la terre ; elle franchit les limites du temps et le Ciel tout entier s'y intéresse et la contemple.

Tel est, Mademoiselle, tel est, mon cher Frère, l'acte que vous accomplissez en ce moment.

Cette union que vous allez contracter, Dieu l'a vue à travers les siècles ; son cœur s'en est ému de toute éternité ; et, dans sa tendresse, il a voulu vous faire entendre combien il la rêvait sainte et parfaite ; dès l'origine du monde, il sanctifia l'union de nos premiers parents, afin que dans cette union, type et modèle de toutes les unions à venir, il vous fût possible de contempler, comme dans un miroir, les profondes et touchantes pensées de son Cœur sur la sainteté du Mariage.

Si donc vous voulez comprendre toute l'excellence de cette union, remontez à l'aurore du monde : ressuscitez par la pensée les splendeurs éteintes du Paradis, et sous les ombrages de l'innocence, contemplez le premier homme. Le voyez-vous, au milieu de ce jardin de délices qui est son palais? Paré de la grâce comme d'un manteau royal, Adam, pontife et roi de la création, Adam repose; un sommeil mystérieux envahit tout son être; Dieu s'approche : De la région du cœur il prend un peu de cette chair que ses mains ont formée, et, sous l'action de la puissance créatrice, Ève apparaît; Dieu la présente à Adam et la lui donne pour compagne.

Arrêtons-nous et méditons : tout est leçon et mystère dans ce récit.

Dieu a coutume d'abandonner à ses anges l'exécution de ses volontés; mais ici, pour nous apprendre que le mariage n'est pas un acte profane ni un contrat vulgaire, pour nous montrer combien il tient en haute estime cette alliance de l'homme et de la femme, c'est lui-même qui veut l'instituer et le bénir.

C'est lui-même également qui forme la compagne du premier homme. Il nous indique par là que c'est lui encore qui forme de toute éternité les épouses qu'il destine à ses enfants, qu'il dispose les cœurs l'un pour l'autre, et que sa main, bien mieux que la main des hommes, sait préparer longtemps à l'avance ces liens puissants et délicats qui doivent les unir à jamais.

Et cette compagne si belle, il la tire, non pas du néant, ni du limon, mais de la substance même d'Adam, de sa chair et de ses os : — Il nous montre ainsi qu'à jamais unis, les deux époux n'auront plus désormais qu'une même âme et un seul cœur, comme ils n'ont qu'une même chair, et que pour chacun d'eux, se chérir l'un l'autre c'est se chérir soi-même.

D'ordinaire encore, pour louer ses œuvres les plus sublimes, Dieu se plaît à inspirer un prophète. Le Mariage aura-t-il, lui aussi, son poète inspiré ? — Oui, et ce sera Adam ! Dieu l'enivre de son esprit ; et voici que dans une extase prophétique il entonne un chaste épithalame, dans lequel il chante et les devoirs des époux, et leur mutuel amour, et les lois divines qui doivent à jamais protéger la sainteté du Mariage.

En même temps Dieu lui découvre l'avenir, les voiles se déchirent. « Tout plein de prophétie » comme parlent les Pères, Adam contemple les mystères sacrés figurés par cette première union : Il contemple le Fils de Dieu quittant son Père pour épouser la nature humaine; il contemple une seconde Ève, l'Église sortant, sur le Calvaire, du Cœur blessé de Jésus, de son côté entr'ouvert par la lance; il contemple le Sauveur, s'attachant à cette Église, Épouse Immaculée, comme lui-même s'attache à sa compagne. Dans leur mutuel amour, il voit l'image de celui qui doit l'unir à son épouse.

Tous ces secrets de l'avenir, Adam les chante, et derrière les voiles de son langage, on distingue comme le mystérieux prélude de ces paroles de St. Paul : « Oui, cette union est un grand sacrement. » Elle figure l'union du Christ et de l'Église! « *Sacramentum magnum..... in Christo et in Ecclesiâ.* »

Tout est prêt : Adam et Ève comprennent la sainteté du mariage, la sainteté de ses liens, la sainteté de son symbolisme. Maintenant, ils s'inclinent sous la main qui les a créés et qui les bénit.

Dieu les bénit, et sa bénédiction leur communique comme un reflet de sa propre fécondité. Qu'elle est sublime, cette fécondité merveilleuse!

Ce ne sont pas seulement des êtres matériels plus ou moins délicatement organisés, qu'ils doivent enfanter; non, ils enfanteront des fils doués d'une âme spirituelle comme Dieu, immortelle comme Dieu, libre et intelligente comme Dieu, en un mot, créée à l'image et à la ressemblance de Dieu; mieux encore, ils enfanteront des fils couronnés de la grâce comme d'un diadème, des fils qui seront en même temps les fils de Dieu, des fils destinés à être éternellement ses amis dans le Ciel, les Princes de sa Cour, les compagnons de sa gloire !

Que de grandeurs ! Qu'ils sont nobles et beaux ces deux premiers époux de la race humaine ! Bénis de Dieu, parfaits dans leur nature, comblés des dons de la grâce, ne nous apparaissent-ils point, au milieu des splendeurs du Paradis, comme deux lyres d'une merveilleuse harmonie, s'unissant pour célébrer la bonté du Créateur ?

Hélas ! vous le savez, le péché a détruit cet accord ; il a souillé l'œuvre de Dieu ; il a dégradé le Mariage, et l'Histoire doit abaisser les yeux et garder le silence devant les excès qui déshonorèrent les unions des enfants des hommes. Nous aussi, détournons nos regards de toutes ces hontes, et consolons-nous : Voici le Rédempteur !

« Heureuse faute, a-t-on dit, que celle » qui nous valut la Rédemption de Jésus-» Christ ! » « *Felix culpa !* » Jésus-Christ, en effet, nous a si abondamment rachetés, que l'état nouveau où il nous a élevés, vaut mieux encore que l'état magnifique dans lequel Dieu nous avait créés, et d'où le péché nous avait fait déchoir. Comme il a relevé le monde tombé, il a pareillement relevé le mariage ; et c'est par la réhabilitation de cette union, que Jésus-Christ commence sa mission publique sur la terre.

Le voyez-vous, assis près de sa Mère, aux noces de Cana? Il veut nous montrer par là, que, Lui aussi, comme son Père, il s'intéresse aux unions de ses Enfants, qu'il y préside, qu'il les bénit. Regardez-le : Il réserve pour ces noces son premier miracle. Les Époux manquant de vin, Jésus se fait apporter de l'eau et il la change en un breuvage exquis. Or, dit St. Augustin, « les miracles du Sauveur » sont tout à la fois et des Faits et des » Signes. » Cherchons donc à pénétrer le sens caché sous ce miracle des noces. N'en doutez pas, Jésus vous enseigne par là le merveilleux changement, la transformation divine qu'il vient opérer dans les unions des hommes ; en changeant l'eau en vin, il semble nous dire : « Mes enfants, le péché a tout souillé ; il a corrompu l'amour humain ; il en a fait une eau incapable d'assouvir la soif qui vous dévore. — Eh ! bien, cet amour, je vais le transformer, l'élever, l'ennoblir, et de cette eau débilitante et sans saveur, je ferai un vin délicieux et réconfortant.

» Le péché a blessé la fécondité du Mariage ; il a perverti le rôle de la Paternité ; il a étendu ses malheureux effets jusque sur l'éducation des enfants !

» Eh bien ! je rendrai leur splendeur à ces gloires avilies ; et ces eaux affadies, je les changerai en une boisson enivrante.

» Le péché, enfin, a découronné le Mariage de la bénédiction divine ; il en a fait un pacte profane, un contrat vulgaire. Eh bien ! où le péché a abondé, la miséricorde surabondera. De cette union dégradée, je ferai une union trois fois sainte, un des actes les plus sacrés de la Religion, un des sept canaux de la grâce dans les âmes, en un mot, un des sept sacrements de mon Église. Et c'est ainsi que dans le cours des siècles, chaque fois que mes Enfants s'uniront, je bénirai leur alliance, je sourirai à leur bonheur et je changerai pour eux l'eau en vin! »

Oui, voilà, Mademoiselle, voilà, mon cher Frère, le couronnement suprême du Mariage: il est devenu un sacrement. Désormais le Mariage est, comme le Sacerdoce, un état trois fois béni, et comme le Sacerdoce, consacré par la grâce sacramentelle. Que dis-je? Mais le Mariage n'est-il pas à sa manière, un second sacerdoce?

Que fait le prêtre? Il fait descendre du Ciel, la grâce de Dieu dans les âmes : — Dans un instant, en vous donnant votre consentement mutuel, vous deviendrez vous-mêmes les Ministres d'un sacrement, et c'est votre propre parole qui attirera la grâce de Dieu pour la faire couler à longs flots dans vos âmes.

Le prêtre offre des sacrifices. — Tous les jours de votre vie, vous offrirez à Dieu et le sacrifice de vos louanges, et le sacrifice meilleur encore de vos bonnes œuvres.

En un mot, le Prêtre, dit St. Thomas, est un homme divin qui donne Dieu aux âmes, et les âmes à Dieu. Cette gloire du Prêtre, proportion gardée, est aussi la vôtre : Si le Ciel vous accorde toutes les bénédictions que l'Église demande pour vous, un jour vous donnerez à Dieu les âmes de vos enfants; et par un heureux retour, vous donnerez Dieu à ces âmes mille fois aimées. Pénétré de ces analogies, Saint Pierre enseignait que les fidèles formaient comme un sacerdoce royal : « *Vos autem genus electum*, *regale sacerdotum* »; et quand Saint Paul écrivait à ses disciples, il aimait à saluer leurs familles comme de petites Églises dont le Père et la Mère étaient les Prêtres : « *Salutate... Ecclesiam domesticam.* » (Rom. XVI. 5.)

Voilà, Mademoiselle, voilà mon cher Frère,

une esquisse bien imparfaite du Mariage chrétien et de son incomparable dignité! Et si tant de grandeurs vous confondent, si des liens aussi sacrés vous effraient, si des devoirs aussi sublimes vous alarment, je vous dirai au nom du Seigneur : Ne craignez point; ayez confiance!

Ayez confiance en Dieu : Il présida à la première de toutes les unions. Croyez-le bien : Il préside de même à la vôtre; en ce moment, du haut du Ciel, la Sainte Trinité vous contemple avec amour. Dieu présenta à Adam sa compagne. N'est-ce pas Lui qui vous a conduits l'un vers l'autre? Son amour n'a-t-il pas été le premier lien de vos cœurs? Ce même amour sera toujours la source de vos joies, la consolation de vos tristesses et votre éternelle espérance.

Ayez confiance en Jésus-Christ : Lui aussi il veut assister à vos noces et les bénir comme il bénit les Noces de Cana. Avec Lui que pourriez-vous craindre? Vos épreuves elles-mêmes, Jésus les bénira : et comme il changea l'eau en vin, il les changera en sources de vertus, en sources de mérites, en sources de gloire infinie dans le Ciel.

Ayez confiance en Marie : En choisissant pour votre union, le jour où l'Église célèbre chaque année son Tout Puissant Secours, vous vous êtes abrités sous son manteau, et vous l'avez invitée, Elle aussi, à vos noces.

Ne craignez point : Comme à Cana, Marie sera toujours avec vous, veillant sur vous, entendant, prévenant les désirs de votre cœur; et dès que son secours vous sera nécessaire, Marie Auxiliatrice, vous aidera de sa toute puissance suppliante, et elle dira à son Fils : « *Vinum non habent!* Jésus, assistez-les ! »

Ayez confiance aussi dans cette auguste bénédiction dont le Souverain-Pontife a consacré vos fiançailles ; dans la prière et les souhaits dont Léon XIII a entouré vos promesses. « La bénédiction du Père, dit l'Écri- » ture, élève les maisons. » Que ne fera point pour vous celle du Père universel de tous les enfants de Dieu?

Ayez confiance encore au souvenir des tendresses ineffables du Seigneur pour vous. Les grâces dont il s'est montré pour vous si prodigue dans le passé, sont un gage certain des grâces meilleures encore qu'il vous réserve dans l'avenir.

Dieu vous a donné à tous deux des Familles chrétiennes. Or, il a promis de récompenser dans les Fils les vertus des Pères. A vous donc ce double héritage et de vertus à imiter et de bénédictions à recueillir! Chez tous les deux aussi, Jésus est venu, comme il l'avait annoncé, séparer le frère et la sœur; il a pris à vos foyers, de votre chair et de votre sang, ces élus du sacerdoce, ces âmes vouées pour toute la vie à la prière, à la pénitence et à l'Apostolat. Mais à la voix de ses amis, Dieu ne résiste pas : leurs prières vous couvriront comme d'un bouclier, et elles détourneront de vous l'orage et la tempête.

Dieu vous a fait aussi des dons communs de foi et d'amour ; tous deux vous avez réjoui son cœur par votre piété ; tous deux vous vous êtes préparés au Mariage par la retraite et la prière. Ayez confiance, Dieu ne manquera pas à ceux qui ne lui ont pas manqué.

Mais rien ne fait germer sur terre les fleurs du Ciel comme les larmes du sacrifice. Cette divine rosée ne vous manquera pas. Vos Mères à tous deux, en perdant, l'une le soutien de ses dernières années, l'autre une Fille accomplie et tendrement aimée, vos Mères ont accepté cette épreuve avec le courage dont seules sont capables les âmes vraiment chrétiennes. N'en doutez pas, cet encens d'un double sacrifice attirera et sur elles et sur vous les grâces du Seigneur.

Enfin, ayez confiance dans les prières de ceux qui vous aiment : De tous les cœurs de vos Parents et de vos Amis, cette même prière s'élève en ce moment : « Mon Dieu, qu'ils soient bénis ! » Là haut, ceux d'entre les

vôtres qui ont abordé au port, redisent avec nous : « Qu'ils soient bénis! » Vos Anges aussi adressent au Seigneur les mêmes souhaits : pour vous donc, le Ciel s'unit à la terre dans une commune supplication.

Tant de vœux seront exaucés : Oui, vous serez heureux et bénis ! Quel que soit l'avenir que Dieu vous réserve, vous irez la main dans la main, trouvant le bonheur dans le chemin du devoir, aimant Dieu et le faisant aimer, le bénissant dans vos joies, le bénissant dans vos peines. et mettant ainsi dans la Religion vos plus suaves espérances, vos meilleures consolations et la source des joies éternelles.

Remplis de sentiments si chrétiens, unissez-vous ; unissez-vous sous le regard de Dieu qui vous bénit ; sous le regard de Jésus. qui vous prépare ses grâces les meilleures ; sous le regard de Marie, qui vous sourit du haut de son trône. Les Anges du Ciel écoutent vos promesses et vos serments ; ils vont les écrire au Livre de vie ; et moi, Prêtre de Jésus-

Christ, les recueillant de vos lèvres, je vais les porter au Saint-Autel ; et en les offrant à Dieu avec le sang du Sauveur, je le prierai de vous bénir, de vous bénir dans le temps, de vous bénir dans l'éternité!

Ainsi soit-il.

LILLE. — IMPRIMERIE L. DANEL.

www.ingramcontent.com/pod-product-compliance
Ingram Content Group UK Ltd.
Pitfield, Milton Keynes, MK11 3LW, UK
UKHW021048260726
13994UKWH00005B/2392

9 782329 413518